El soñado desquite

José Alejandro Peña

Cuarta edición corregida

Obsidiana Press

José Alejandro Peña

9 de julio, 1964, Santo Domingo, República Dominicana. Emigró a los Estados Unidos en 1995, donde funda y dirige Ediciones El Salvaje Refinado y Obsidiana Press.
En 1986 obtuvo el Premio Nacional de Poesía con su libro *El soñado desquite.*

Libros publicados:

- Iniciación Final (1984),
- El soñado desquite (1986),
- Pasar de sombra (1989),
- Estoy frente a ti, niña terrible (1994),
- Blasfemias de la flauta (1999),
- Mañana, el paraíso (2001),
- El fantasma de Broadway Street y otros poemas (2002),
- La vigilia de todas las islas (2003),
- Suicidio en el país de las magnolias (2008),
- El caballo de Atila (2021),
- Cóctel para sonámbulos (2021),
- Dejad hablar al viento (2021),
- Esperpéntico antiarcangélico y sexualísimo (2021),
- Pavor en el país natal,
- Amigos, amantes y demonios (2021)
- Poemastro (1984-2021).

Premio Nacional de Poesía

José Alejandro Peña

EL SOÑADO DESQUITE

Cuarta edición corregida

Obsidiana Press
publicatulibro.eu
obsidianapress.com

Copyright © 1986-2023 José Alejandro Peña
El soñado desquite
Premio Nacional de Poesía
Primera edición: Biblioteca Nacional,
Colección Orfeo, 1986.
Tercera edición corregida y aumentada, Almava Editores, 2018.
Cuarta edición corregida, Obsidiana Press, 2023.

ISBN 978-1-960434-98-2

Obsidiana Press
publicatulibro.eu
obsidianapress.com
email: obsidianapress@gmail.com
Tel.: 347.583.4093

El buscador de tesoros

Caracol

Sangrante caracol que el cielo llena
de abultados reflejos inservibles
una espiral de muerte una espiral
de vida que se sueña
dislocada eclosión y brazo y brasa...

El huracán de piedra de la memoria
con sus dedos de humo y guillotina
decapita los ecos aurorales que
te dicen: soñar es estar vivo.

Soñar el propio abismo restaurado
con una sed ahogada por la piedra
y sentir que la noche se arranca con
mis uñas los pedazos de rabia que le
cedo.

Soñar el suelo abierto
en cada filo
en cada sed
en cada ida
es recobrar la infancia de los remos
que aúllan.

El mar acaba sofocado en pieles
alteradas por ningún sonido.

El buscador de tesoros

¿Eres tú el buscador de tesoros
en la espiral de una angustia
que se olvida en la noche?

No —le digo—. Soy un grano de sol
partido por la ola.
Y se arrincona en el ángulo del codo
la nostalgia o la lluvia.

¿Qué es eso que se adhiere al aire
como una flor de polvo?

¿Qué es el hombre
sino cierta constancia sucesiva
de la nada que vierte
y que lo vierte
sustituto de su propio caminar?

Tú que buscas en ti mismo
¿qué ves qué has encontrado en ti
más duradero
que tu propio vacío?
Huye de todo lugar.
Busca refugio
en la intemperie más abierta
en la distancia impensada
allí donde una palabra se renueva
donde se forja tu camino
donde todo regreso es llama y cobre

mar y eco
donde la propia voz es intención y fuerza
donde la fuerza busca un equilibrio natural
o simbólico y vibra y juega
y se extravían
el estertor y el grito.

Cada ser es solamente aire

En cada luz dormida lavo el alma
meticulosamente gris como un espejo.
En cada luz desvela el arcoíris
la nula sensación de lo que avanza.

Cada ser es solamente aire
que pasa por una hendija a medianoche.

La noche se embelesa y choca y se deshace
entre pequeñas vibraciones estelares.

Mi voz resucitada por un hálito en pedazos
un hálito de ascendencia de caracol cuya pureza
marca los días grises descosidos
pureza reflejada contra el carbón del cielo.

Entre las acacias los globos el dolor y las fiestas
procuro ser lo neutro lo que aún no está entero
lo que se amolda y se dirige y se retoca.

Tratan de abolir mi voz de una palmada
mi voz sobreviviente de la gran catástrofe.

Yo empato los extremos
desuno cada nudo
reflejo cada sombra
ante los torsos de marfil [primaverales]
invento una neblina fina sedosa y continua
y con un poco de luz hago mil barcos.

La otra verdad del árbol

En mis venas se enredan
palabras y sustancias
de un fluir impreciso
de un detenerse confuso.

Cada palabra mía
se refugia en el mar
en lo abierto
en lo dinámico
en lo firme.

Y puede aparentar otra verdad
del árbol o del polvo
y ser la nada que da tumbos
por calles todavía sin fundar.

Los árboles viejos

Sumerjo la presencia
de mis sueños de angustia
con el pie
paso sobre las tumbas
de los soldados
que no han caído todavía
los soldados que imitan
a los árboles viejos
en eso de alargar sus
presentimientos
entretejiendo sombras
aún no dibujadas
en el subsuelo del
porvenir humano.

Contra el suelo

Y saber que muero siendo el otro
el diminuto
el cósmico translúcido invadido
el ermitaño que sueña desquitarse
la nada de ser piedra o fuego
de ser agua por la luz manando.
Yo sueño en la órbita del sueño
lo que sueña mi sueño
contra el suelo.
Yo dejo de mis sueños
la pirámide abolida.
Invento una verdad
que hiela o mata.

La otra vida

Y saber que se olvida una sombra
y su angustia feroz o lejana
bajo el suelo
que fue nuestra vida
la otra vida amarga de los otros
que consiste en ser espejo
lluvia
tinta
y alboroto.
Fijar alondras en las ramas
y ladridos en los muros
y continuar sin sucumbir
como el cocuyo
y la maleza.

Ficción del otro

Cada quien aspira ser
pantera o nube y no soñar
o ser como las rocas
una ficción del otro
una emboscada para el vértigo y la nube
una señal inaccesible o excesiva
un desnivel del mar en un reloj de fuego
un pulimento indescifrable
de salitre sangre
o agua que aprisiona el eco
de una voz y se desmaya.

Fuego y lodo

El otro
el que no sabe que es mi piel y mi aliento
el que se sueña oruga en la corteza
y muere de su anillo y de su ardor
el que con viejas cicatrices
se ha marchado
el que anochece sin cerrar los labios
y siente en sus pulmones fuego y lodo
no teme a la tormenta ni al barullo
no calla cuando los otros piensan
ni piensa cuando los otros callan.
Y así destruye la palabra que quiere destruirlo
destruye al pensamiento porque de nada sirven
la aureola y el granizo la sucesión y la calma.

Grito

Yo soy esa totalidad irreprimible
que quiere ser puente
arena y vendaval.
Pero soy niebla
sangre furia y deterioro.

Grito para poder crecer.
Crezco para poder reír
río para nunca renacer
y olvidar así a los hombres
que son tumbas remolino.

A esta hora que las futuras horas exterminan
nadie ve mi altura desgarrada
nadie ve mi ser ni se deslumbra
ante mi antigua palabra de tierra
sofocada.

Nadie escucha al viento solitario
en la ciudad vacía
Palpo las formas de la noche
y me deshago.

Sencillamente

Soy esa sombra que vuelve
y revuelve y convoca y destruye.
Soy esa voz posterior
sin lugar ni dominio
que a todos condena
y maldice.
Esa voz tenebrosa
vagando en la sangre dormida
del dios putrefacto
a quien llaman con nombre de araña
de sol
y de tierra.

Esa tinta todavía fresca
esa consciencia alocada
o inversa soy yo.

Escuchando a los muertos

Entre la prisa la miseria
y la angustia
escucho a los muertos llorar hasta ahogarse
y sus voces neutrales
sin miedo y sin odio
trasplantan la lluvia y el fuego
y entonces me cubro la cara
y maldigo a la noche y al día
y prosigo en lo oscuro
anónimo
translúcido
salvaje
como vapor que se respira siempre
hasta que los huesos se doblan
y se agotan las células pluviales
y resurge no en vano la luz más oscura.

Misterio

Me despierto con un silencio nuevo
redondo y oscuro
un silencio de piedra firme y solitario
un silencio hecho de luz y sombra
donde se desinfla la cabeza del cíclope
y se vuelve ceniza la palabra en mi boca.
Soy sombra de otra sombra
y por mí tiene nombre la noche
con su timbre inaudito.
La piedra que es también una
blanca corteza
y una oruga sedienta
más que el aire
rueda hacia un abismo que
duplica mi ser y lo destruye.

Brecha

Y roto ya de sed como un relámpago
ahogado entre las hojas secas
o andando por las plazas libérrimas lejanas
donde fueron abundantes
los bazares y los muertos
me pregunto si hay más soledad
en un armario
que en toda la ciudad.
Y digo este color
esta forma
esta sangre sin eco
colgando de una voz que no acaba
¿qué pánico recubren
qué memorias me dictan del último semblante
imperturbable?
No es la brisa invernal lo que eleva
y arrastra las hojas sin pausa
sino la luz
que al bosque vence sin tocarlo.

El soñado desquite

Los clavos que pongo
en la pared para colgar el mundo
sostuvieron el pelambre
de un animal viejo.
Yo grito sumergido
en el polvo de todas
las pisadas
soñado en el desquite de la muerte
hueco en el eco diluyendo otros huecos
latido que vierte sobre el llano
su volumen frenético
amarillo.
No es la noche lo que aúlla o mata
sino el brillo que desvela y acorrala.
Una música mansa nos enjaula
en su furia dormida
que no parece tierra ni locura
y es la noche —digo—
buscando entre papeles
la sombra temblorosa de mi mano.
A veces es real este desquite
real como un resquicio
la lógica bastarda
el argumento absurdo y sostenible
como sangre
es una voz real palpable casi
es juego acicalado
y nómada artificio.

La mano

Escrita o solamente pronunciada
la mano nos permite escapar de la distancia.
Procreando en la noche su temblor y su música
borra los pasos del suicida
presagia los densos colores de la muerte
sin advertir qué cosa es
qué soledad arrastra al viento.
Y mientras sube baja o se detiene ausente
una sombra distinta la del árbol la del trueno
el dedo de la ira la señala.
Y al caer en la nuca el golpe resplandece.
La dulce tinta de los sueños cae.
Las palabras se apozan
se dispersan
se entrelazan
al fondo de la mano.
La mano es un conducto de la voz.
La mano que se cierra
no acumula misterios.

Santo Domingo, 11 de diciembre de 1985

Fuga

La calle es un rayo de sol marcando el paso.
La incertidumbre enciende las pisadas.
Mi música más densa
concuerda con la muerte
y se hace humo.
La mariposa se transforma en eco
de su movimiento
ante la llama.
Divagar en un sueño irrealizable
como la vida
oh reencarnado.
O despertar de pronto
en otro tiempo
en otro mundo
y rearmar las partes oscuras de una luz no visible.
Y huir
porque son tumbas
que encallan en el aire los amigos
tibios ángeles envueltos
en la píldora de la melancolía.
Oh bífidos acróbatas que cuelgan
de una vieja corbata subalterna...

Santo Domingo, 11 de diciembre de 1985

Amnesia

Hay dormido en mí un grito espeso.
Tiemblan mis dedos al tocar la luz.
Hay otras caras hundidas en el polvo
y máscaras que se amontonan
en el último tachado de la página.
Hay en mi decir la eternidad del vuelo
que a causa de su náusea verdadera
se inflama y se proyecta
y es música y asombro
y es ceniza.
Hay un cordel infinito que me afirma
en el que pongo a secar todas mis venas
ya sin mí
y mi voz se tizna
en el aliento de los pájaros.
Y aparezco ante los hombres como el último.
Ahuyento las angustias del sueño
en que me espero.
Pongo a secar mis venas otra vez y otra
hasta surgir soñado por demonios y ángeles.

Santo Domingo, 11 de diciembre de 1985

Hojas secas

Duda de los que tienen
voz de Pavarotti
de los que piensan
alcanzar una estrella
dando saltos.
Duda de los que guardan
en su mente
hojas demasiado secas.

El río se aleja por mi mano

El río se aleja por mi mano
como si presintiera
un vacío de sí que guardo dentro.
¿Qué sino un poco de aire negro
y unas huellas que no tienen camino
me destinan ahora los relojes?
¿Qué son el infinito y mi sombrero
sino una blanca música arbitraria
quemándose las sienes contra el suelo?
¿Qué siente el arcoíris cuando pasa el cuchillo
al otro lado de mi cuerpo?
¿No siente sus colores desangrados
sobre una manta sucia
y una piel que se pudre
estática
solemne
ante las malvas rocas
de las cuevas del trópico?
Mi trópico
mi desolado trópico
y mi arpón montaraz
para esconderme en las grutas
y esperar a los muertos.

Oda al suicida

Negros párpados podridos en el agua.
El sol bebe la mancha del ojo del ahogado.
Revienta en el cuchillo el corazón del mundo.
Mi pensamiento se hace blando
como un tejido de luna en el estanque
y violento como el movimiento
de una mariposa recién desenterrada
de sus miedos roídos.
Mi silencio clava las uñas en el cuello de aquellos
que se asustan del viento y de mis pasos.
Los visionarios saben mentir a las paredes
y decir las palabras que significan "cuidado"
y acercarse a la ventana para ver
que nada puede verse del ocaso.
El fuego se arranca los minutos
con unas pinzas líquidas
que encallan justo aquí
en la nada que envuelvo para fumarla
en la aguja que oxida los cuarzos de la aurora
y en la luz que deletrea el destino
de todo lo perdido.

Ante la noche

Estoy ante el dolor
de una perdida noche
que no logro ensamblar
en este blanco tierno de la página.
Llevo la pesadez del sol
en la garganta.
Siento que se rompe
de pronto
en mis oídos
el ayer de este instante
tan largo
tan raído.
Se enredan en mi boca
las palabras fugaces
mientras otras palabras
todavía negras
se van transparentando
ante el largo cuchicheo
de la multitud.

Magia del ego

Papá sueña con puertas

Los muertos son de veras misteriosos
a decir de la gente que antepone a la muralla
sombras que la rebasan.
Papá sueña con puertas
que abren hacia todas partes.
Puertas enormes que se forman con fuego.
Puertas diminutas labradas por la duda
y puertas de aserción que suelen demolerse
a destiempo en la ciudad
grave y monótona
a la que llaman sin equívoco "degüelle".
Es costumbre antigua
arrojar ceniza al manantial
para ver si a una transparencia tan diversa
podría dominarla algún temblor ingente.
Ante cada puerta demolida un sol violeta empieza
con la rueda y con el sable a colocar ladrillos
en la plaza desierta.
Y una voz que no es la mía
aviva tres palabras sin sentido:
empieza con la sed y es la cascada.

Declive

Él inventó heliotropos con gasa
y ante un espejo cóncavo
los cerrojos y las puertas
inventó los sonidos oscuros
con élitros de vidrio y calabaza.
Inventó también el sol
con leche y algas venenosas
y las aceras anchas
con finas quemaduras
en los rostros.
Él inventó una voz
a la que falta el eco
una escalera
a la que faltan los peldaños
una escalera interminable
por la que todavía estoy bajando.

Poesía y desencanto

Poesía es no saber
lo que es poesía.
Poesía no es igual
a pensamiento.
Pensamiento no es poesía.
Encántate bailando
con tu sombra
y el poema surgirá
sin dañar ni entorpecer
palabra impulso o desencanto.
Poesía es un instante que se devuelve
o se arrepiente y dura eternamente
en su genuino desarrollo elemental.
Poesía es la forma más pura
e inmediata de la alegría.
Poesía es una forma adecuada
de negación perpetua
Poesía es afirmar con los pies en el agua
hundir los pies en la tierra caliente
sentir el corazón latiendo muy deprisa.

Deidad

Si crees que la deidad existe
y luego te convences de que no existe
la culpa no es de esa deidad inapropiada
si no de quien se angustia
por tener las piernas flacas.

Si crees que es la lluvia
la deidad que te ha empapado
¿por qué llamarla lluvia
y no deidad?
Si crees que hay detrás de ti
demonios verdaderos
te equivocas
los demonios nunca están detrás
y cada uno lleva un rostro tuyo
como máscara.

Ilusión y presencia

De la luz ya nadie duda
porque la luz se oculta
adentro de sí misma
como el hombre
que se mete entre sus ropas
para lucir ausente.
Cuando llueve se desinflan
las rocas el trueno aplana
el lóbulo del pasto
se respira un vapor despintado
como de lápiz obtuso.
Cuando los trenes se acercan
el corazón late fuerte.
Son demasiado evidentes
camarada
el olor del pescado
y el de la tinta fresca.

Pasión por lo distante

No sobra distancia
a lo dormido —dices—
viejo roto vendaval
entrando despacito
con tu devastación
fortificada.

Lo distante acorta sus limites
ensancha su vacío
recurre a cualquier levedad
de la intuición condicionada
es cómplice del sueño y del terror
y no acude a la intemperie
abrupta excepto para vencer
o evanescerse.

Mi alma cuelga de todos
tus clavos de urgencia
eternidad.

Sensación nocturna

En el ojo extirpado que la luz ha roído
la eternidad me sueña estas esdrújulas visiones.
Miro el mundo a través
del vidrio roto de la noche.
El viento absorbe las estrellas más pálidas.
El muro de mi calle estira el paso.
Un sueño repentinamente se adelanta
chocando con los postes de las calles
poseso como un ganglio.
Aquí en mi cuarto
aterradoramente blanco
el ojo extirpado roe la noche.

Examen de consciencia

Una gota de pájaro disuelto
lodo de la voz.
Empuña anochecida garganta
el sol sediento
y cruje entre las venas
la podrida madera
de otros sueños.
A veces
casi siempre
en mi alcoba
los perros vagabundos
lamen a los muertos.

Oda nocturna

La noche en mi garganta
como escafandra o pájaro
aliento quemado por mi sed.
Las negruzcas estrellas
beben el alma
de los muertos.
Cuando se enredan a las ramas
ladridos verticales
ni la noche ni el cielo
son más altos
ninguna claridad al corromperse
sueña mis sueños sofocados
por el vendaval.
Tierra o aire es todo el fuego.
Agua madera rotación
vana lujuria de efímera quimera.
La oscuridad es solamente luz
y destrucción y sueño.

Vivir en soledad

Esta noche estoy solo
más solo que la lluvia
atrapada en la sed de los murciélagos
los frágiles murciélagos de goma
temen a las nubes y al silencio.

Cuando se está solo
es posible comprender
de qué modo es libre
quien a nada se aferra.

Quien ata al acto de su pensamiento
temor y angustia y desvarío
perfecciona nudos voraces
que sofocan a las piedras.

Es libre quien no piensa en el pasado.
Y libre es quien gana la carrera
a su propia sombra.

La soledad es el único
triunfo del hombre.

Sobre la luz

Cae sobre un latido ceniciento
el pensamiento vivo
de la oruga.
Las luces enterradas
en vagos ademanes
cubren las cicatrices
del arroyo.
La oscuridad arrastra la luz
por todo el cuarto.
Es una luz musgosa y fría
en forma de ave
que suelta una pluma
en cada habitación.
Hay sombra y viento
en mis cabellos.
Una sombra vacía
y un viento melifluo
artificioso y como medido
por un rayo.
Algo hay de la luz que
la oruga ha soñado
es una música de piano
rebosante o precisa
y cierto vértigo anodino
febril como una noria.

Inconsecuencia

Una verdad no dura
o reverdece
sobre el camino propio
abandonado.
Una verdad es solo un paso.
Una verdad dura un instante.
Todo lo demás
es fulgor y ceniza.

Dualidad y sentido

La eternidad se vuelve
para ver
cómo son resucitados
esos loros siameses:
la noche el día.

La eternidad se cubre
con un poco de sol
en un país
por nadie visitado.

La eternidad dibuja
un arcoíris una silueta
de gorrión herido
y se sitúa entre dos
tempestades el laberinto
de la voz en calma.
La leve tempestad
se ha transformado
en ánfora o arcilla.

Exacerbación

Miro y sólo siento el vacío
de mis ojos en las cosas.
Me cierne y tacha
toda expectación de mí mismo.
Toda la sangre
pasada por un tubo
no sacia las agujas oxidadas
del hastío y la cólera.
Aquí empieza todo cuanto acaba.
Aquí se desune y margina
el instante perpetuo.

Traba

El ruido de unas alas
demasiado marchitas
prolonga el surgimiento
de la desesperanza.

No hay otra cima que la duda o el mar.
No hay otro espejo que la noche
pensada por el miedo.

Yo apenas canto.
Yo apenas digo la palabra
que duele
la palabra que asombra
o alborota.
Apenas logro esconderme
entre mis huesos
saltar del olvido repentino
destejer las sombras
que tejen la luz
en mi semblante.

Magia del ego

Busco y no encuentro
a quien decir "me ahogo"
me tienta mi persona
a estar callado
lúcido corchete del olvido.

Igual a cuanto surge
y cuanto pasa
mi aureola de granizo.

Nos enseña la sal
a combatir la herrumbre
y la nube a silbar
ante la hierba muerta.

Oh quimera oh destino

El viento

En los deshechos pies
duerme el camino.
El viento moja sus alas
en la llama del extravío.
El viento
indescifrable escritura
de arena en la arena
pacto herido
de la palabra
que nos expulsa de nosotros
eco muerto
que de pronto
resucita.

Resonancias

Crece en la voz el día muerto
muere mi yo lejos de mí
mueren las voces y los sueños.
Hay un exceso de realidad
en cada vértebra amputada.
Sepulto las vidriosas palabras del profeta
la sed de los ahogados como lámpara
el último tictac de parda cola
y el amarillo hediondo de la ola
y todo lo demás que ya es tan poco.

Elogio

Aquí quedó el aliento del sonámbulo
el fétido murmullo
oscureciendo todo
apariencias que llegan de lo pútrido
y se pierden.

Cada lugar
indetermina
al hombre.
El hombre marcado por su propia oquedad.
Oh los grandes elogios como barcos hundidos
insidia del vagabundo que se ahoga en su sed
eterna transparencia de agua
que se pudre
muy quieta
entre los labios
así las palabras
del que elogia
mi grito.

Delirante como el fuego
se yergue la palabra vacío
ante lo lleno.

Oigo voces que vienen de mi voz
voces que al fin me han condensado.

La mirada ramifica sus garfios

Indescriptible la mirada
ramifica sus garfios.
Lluvia o lágrima
que el viento inmoviliza.
Sigue siendo mi grito
la densa gota fría
que impacienta
el amarillo golpe
de los sueños.

Oh quimera oh destino

Mejor que mis pisadas
la noche da en el centro
del mundo
y lo estremece.
Los viejos transeúntes
regresan de soñar.
El silencio despierta
la fría huella de mis labios.
Recojo verdes pétalos sombríos
y me abandono luego entre mis cosas.
El destino del hombre es pasar.
Y yo paso a quedarme dormido
bajo los trenes en marcha.

Arte poética

Las palabras no tienen
sino un desgarramiento
voluminoso
un mustio jardín de horas
y de orejas
recomidas
por el musgo.
El poema no se escribe sino con sangre
y la sangre es un olvido tenue de la lluvia.
Los lugares se arrastran por el viento.
El poema
brilla
o quema sin sentido.
Se tachan
se rehacen
las partes inhallables.
Las palabras olvidan
lo que dicen
su único pasado
es el silencio.
Sólo falta que yo también me olvide
o me recuerde
que todos recordemos
las cosas que no estaban.

Un día y otro

Negra nube latiéndome de prisa
negras palabras dibujan el sonido
de las hojas caídas.
En mi pecho se quiebra
el sol que sueña el acertijo
la memoria que evade sus triunfos
pájaro que se diluye si lo tocas
si tocas la parte más sensible
de su irrealidad.
Es más oscuro el mundo
si se repara en ello.

Demiurgo

La palabra quebrada
es un espejo
en el que han metido al hombre
pedazo por pedazo
¿o es el hombre
extenso como la niebla
un sueño de algas
que cruje al fondo?
¿O ha la lluvia ya dejado de mover
sus alas rotas contra el vidrio
de esta vieja ventana así pudriéndose
con todo este mirar que la rebosa
de un vacío instantáneo
que viene de partir
o de quedarse?

Sucesión

Yo soy el viento solitario
que a la montaña otorga altura.
Y tinta soy del pertinaz océano.

Ante mi fuerza la noche es un suspiro.

Yo soy la sucesión
de lo que viene detrás
conmigo al hombro
y soy esa ilusión de mí
que bordo a las
camisas fugitivas.

Yo soy —dijo mi sombra
al fuego—
memoria inquisitiva
de una flauta
de arena.

Las redes imposibles

La muerte tiende
sus áureas
redes imposibles
sobre el lago inconcluso
del espejo.
Nadie ve mi cuerpo
ni mi alma
porque ambos son tan transitorios
y mordaces
tan dóciles
tan cautos como nueces.
Son tan veloces y tan puros
que ni existen.

Duda

¿Hay un espejo
en el lugar vacío
de los presentimientos
que añoramos?
¿Concuerdan ola y extravío
desesperanza y voluntad?
¿Alcanzará la dicha
lo que no alcanza la flecha?
¿Es el optimismo el brazo de los fuertes?
¿Asoma la desgracia cuatro noches
y la venganza solamente en pecho ajeno?
Oh tú que ante el fruto del cerezo
te obstinas gravemente
dime si no es la duda
nuestra sola
suerte.

Los otros

He seguido el camino
que me impusieron los bárbaros.
Pero muy pronto me detuve a pensar
cómo cambiar mis pasos
sin que lo note el viento.
He huido —dicen— por temor al futuro.
He huido —dicen— por temor al pasado.
He logrado evadirme con mil tretas por temor
a los días del presente —dicen—.
Y yo digo —callado— a la orilla de todo
no es la luz lo que ciega y perturba
sino la opacidad del ojo mal formado.
He dado lo que hallé
muy tarde
en mi persona
al otro de los otros
que componen
mi yo tan diminuto.
La transparencia del río
no se encuentra
en sus aguas.

Equilibrio

Estoy cansado y me sostengo
de mi sombra.
Estoy inmerso en una plenitud inmaculada
que los antiguos sabios llamaron equilibrio
y es por mi voz que vibra cada estrella
porque mi voz
lejana y misteriosa
dura lo que dura el deseo.
Todo avanza como el ser
y como el ser se pierde.
Mi sombra se detiene indefensa
como un rayo de luz
sobre una piedra.
La piedra busca
abajo
en lo infinito
lo que el cielo
arriba
olvida.

Autoconsciencia

El hombre tiende trampas a su deseo
y por eso va y viene como un oso
percibiendo y penetrando en la neblina
delirante
perturbado.
El hombre no se hace
consciente
de su propio yo
hasta disolverlo
en ese otro de los otros
tan menudo.

Pulso y medida

Buitres

Los viejos buitres son como los poetas
de una larga edad: se devoran a sí mismos
y devoran el ámbito de una inscripción
ambigua:
las sofocantes rosas que deshojan el pánico
la lluvia muerta que nos resucita
la puerta inencontrable de los sueños
el rencoroso día inacabable
y las cenizas de un mañana retornado
a su antigua irrealidad...
No se parecen a ciertos hombres que conozco
pero se alimentan de una misma carroña
y dan vueltas en torno a lo mismo.
En mis sueños una puerta se abre
lenta
mortal
y fugacísima
hacia una aurora
de quemados
limbos.

Debajo de la máscara otra máscara

El rostro se desteje como piedra
la piedra como pájaro que nace
de una cadencia anterior a mi mano
y el olvido como una jaula pequeña
con dos hienas.
Cruje la mirada:
el eco de mi voz deshila el viento.
Las vísceras del tiempo oscurecido
húmeda luz donde florece el llanto.
La palabra se posa
irreal
clandestina
suntuosa
en medio de la muerte.
Debajo de la máscara
otra máscara
y el hombre
hueco y dardo frío del entorno a solas
bajo el ardiente armazón del pavimento.

El árbol

No más breve la espera
que la fuga
redondo el antifaz como la herida
cansado el árbol de ser una sencilla
y estática premonición de sí mismo
ha tirado sus hojas
se ha dormido.

La palabra inconsolable

En el mar que yo invento
con las hojas marchitas
de la palabra olvido
hay otros mares que no
saben producir sus olas.
La palabra es un trozo de niebla
que sirve de fondo
a muchas luces inconsolables.
La palabra desnuda luz ya poseída
ya deshecha
es un llanto aferrado
a las manchas del techo
que vienen buscando consuelo
en la forma que oculta
de pronto
el pantano.

Pulso y medida

La lluvia hace girar la sed: es un molino.
Se distancia la muerte inundada de pájaros.
El fuego es todavía muy niño para extinguirse.
El aire cuelga de las dos menos alba
como una estatua que olvida su peinado
en lo frío del suelo
atormentado
en lo precoz del pulso al dibujar las sombras
que me forjan la lluvia
y la ventana
turbia mueca que inunda la hojarasca.
La ventana huye aterrada
por todo el bosque
como si una voz
hipocondríaca y aleve
lanzara sus cristales al vacío
y sólo se tuviera como propio
la ciudad
con su torre de clavos
y guirnaldas
o el cordón de un zapato
y la conciencia.

Colibrí

Arde
en el movimiento
de unas alas
y en el sonido infecto
de la sangre
el poema.
El poema es el no-ser del ser
y el ser del no-ser
como saeta o tulipán
como armadura giratoria
de los clavicordios
que se horrorizan ante toda acción
irreductible.
No sueña ni contiene
pensamiento ni forma.
Todo en él es esponjoso
y a la vez
impermeable
como la voz y su eco.

Y al final su ceniza se convierte en pájaro

Reconstruyo mis pasos
hacia una noche sin centro.
El silencio desgarra
cauteloso
la pared
y la llena de un temblor
tan preciso que al subir
no se le siente el espesor
no se le palpa dureza
cuando baja
no se le detiene con el pensamiento.
El poema nace de las aguas muertas.
El poema no nace ni muere ni subyace
ni se engulle a sí mismo delante de las fábricas.
El poema es una llama
en un retrato: arde por horas
y al final su ceniza se convierte en pájaro.
Gira recubierto por las hojas de tilo
como el rabo del alacrán
o la cabeza del cerdo.

Momentum

El poema es volumen y falta de volumen
velocidad y risa lentitud sigilosa
del relámpago.

El poema arrastra dorados corpúsculos
en forma de palabras imperiosas
que de nada sirven
excepto para domar silogismos
a la izquierda de la invariabilidad
inverosímil
de la cual uno aprende
el difícil simulacro espiritoso
hacia la espina dorsal de aquellas voluntades furtivas
de palacio.

Uno aprende a sospechar de las palabras
que aparecen entre las encías verdinegras
que llaman a la acción y al delirio
a sabiendas de los prejuicios auxiliares
de la iracundia de las perspectivas
más o menos cambiantes.

Truco

La velocidad
con que se piensa
un árbol
es menor
a su crecimiento.
Las raíces reconstruyen máscaras de arena
mientras la arena atrapa entre sus lisas palmas
gaviotas de impreciso linaje.
Para los que se arrancan los ojos
con mis uñas
la noche
es un huevo transparente.

Turbación

En el poema
cada palabra
busca
medir el tiempo
de su realización
infinita.

El más amplio embeleso
confirma la firmeza
no efímera
del rayo.

Confirma contundente contenida metafísica
y sucede el temblor como un aroma
y el polvo sobre el agua
adorna el grito.

Magia

Desde una alta ventana
digo adiós a los pájaros
frías se amontonan las luces
en cada acontecer.
Pero las luces pierden valor
por su abundancia.
Para apreciar la luz y su misterio
hay que cavar túneles profundos
o quedarse un minuto a oscuras
sin pensar en nada.
Es la magia intervenida por el canto
esa pequeña luz ineludible.
De mi mano brota el humo del misterio
única realidad del hombre.

Caligrafía

Bebe de mis venas el silencio
dilatados conjuros.

Deletreado muro cabizbajo
comienza su verdor
extinguiendo
la prisa con la que marcha
detenido
el tren.

Si digo a voluntad de los anillos
del tentáculo "soy
los malvaviscos
caligráficos
de mi propia
profecía"
cada palabra mía terminaría traicionando
al transeúnte
que persigue
a ciegas
a los incendiarios de las ambulancias
y de los hospitales
para salvar a los hombres
de la escasa necesidad de argumentar.

Sueño

Una palabra se escribe con fuego.
Otra palabra se escribe con lluvia.
Alguien escribe "estoy muerto"
y despierta
creyendo
que soñaba.
Los sueños se fragmentan
deidad transfigurada
en la boca del tigre ya extinto.
Yo sueño que vivo
en una casa giratoria
de cristal o de luna
en mitad del rocío.

Persecución

Hay palabras que no se escriben nunca
pensamientos que no se cierran
actos y deseos parecidos
a un ánfora
a una música perdida
a un poco de lodo en los cabellos
a una estalactita
o a una flecha
que nos persigue
más allá del placer
y de la muerte.

A orillas del arroyo

He inventado cierto juego inútil
cierto destello marginal
o cierto pulso gris
o cierta nada.
Pero también el ángel
se inventa las alas y los párpados.
Y los demonios cantan
a orillas del arroyo
a la noche que los perpetúa.

Abril 1984

Las muchachas muestran sus piernas fabulosas
a brutos comerciantes en el puerto.
Intercambian golosinas
retratos
y puñales
corrompen los espejos otomanos
y dejan entreabierta la puerta de cartón
de la farmacia
a los soldados mancos
que llegan del norte
con ganas de matar y de engendrar.
Los soldados saquean los buques y los puertos
y devastan las tumbas
y destruyen los puentes y las minas.
Y al cabo de un minuto
el río arrastra dulcemente los cadáveres.
Hay fiestas en las calles
y pánico
y silencio.

Vudú

En el bosque
los lobos
y los hombres
aprenden a soñar
escuchando
la certera
premonición
de los búhos.
Sólo temen a las hojas que caen
repentinas
y a los niños de cera
que ríen.

Tres hermanas

Tres minúsculos sombreros
sobre tres minúsculas cabezas.
Tres hermanitas contemplan deseosas
al tirano.
Las moscas son de plata ante la meliflua mejilla
de mármol y el hierro fino de las atenciones.
Una ríe despistada como los niños con piojos
otra llora y se diluye como un sol esclerótico
de escote celebérrimo
reverdecido por el reflejo del esmalte en las uñas
y la última está seria
muy seria
mirando a la pared.
Brotan de los ojos del tirano
pedazos de lona fresca
y pétalos de orquídeas flotando en la bañera.
Las tres hermanitas
lamen las cicatrices del mármol separado
de las columnas innatas
y una risa de amapola epentética
es recortada por las tijeras
del agua.

Y las voces arden

Se oye respirar a los muertos
inquietos y puros
detrás del bastidor.
El rojo vestido de la reina
se ha rasgado.
Un poco de suspenso en cada alcoba.
La diadema está en llamas.
Las cortinas
los muebles
los cerrojos
y las voces
arden.
Arden también el cielo desairado
y los pájaros que bordan
una luz dispareja y brutal.

Papel quemado

Escribo desvelado
estas mondas palabras medio rotas
sofocadas por el color más puro
el de la sangre
contra el eco de un dolor
pasado a limpio
contra la magra rasgadura de mis pómulos
y los redondos ademanes de George Washington.
Escribo
mientras nado
desesperadamente
en las charcas termales de los buques hundidos
más pálido y rollizo que los acróbatas sin brazos
que quieren abrazar y reír y morder y soñar.
A veces el mar se inclina un poco
para hacer rodar a los cautivos.
Las hojas polvorientas y opacas revolotean en otoño
sobre vuestras cabezas desprendidas.
Se insinúan
las líneas
en el papel
quemado.

Fijeza de lo ausente

Pisadas que se borran y circulan
como sonoro abatimiento náufrago
por las venas alternas de los magos ingleses.
Noche caída sobre sí como si fuera lluvia
como si fuera pájaro
efervescencia trágica
como si fuera nuestro rostro
urdido por la duda o por la peste
la duda carnicera y miserable
que repite a los hombres y a las cosas.
Fósforo que lame ciegos párpados
fijeza de lo ausente
aquellos muchachos paranoicos de Manhattan
que escriben cartas de amor a lo Rimbaud
y se suicidan llorando.

Espejo

Hay dentro de lo que sueño
un yo distinto al mío
parecido a todo lo constante
y silencioso del pasado
incierto como la muerte
pero firme y real
como las nubes.

A fuego abierto

A fuego abierto

Extraigo de mis pesados párpados
estos pájaros
que el viento desorienta.
Acontece la inevitable fuga
del descarnado incordio
que nos obliga a pensar
una misma palabra muchas veces
y un mismo fuego de coral soñado
por los gnomos de paja que revientan
dentro del huevo que fue agitado en demasía
por las luces de los barcos invisibles
que mi mano dibuja inquisitiva
para que ese mismo pensamiento
se disloque
se rompa
y se vuelva a romper
y con sus pedazos hacer de nuevo el día
el solo día que no llegará sino con los disfraces
de otros días más puros.

La rueda del Samsāra

Pensar la noche
que destina el desquite.
Pensar magistralmente
en las estatuas nómadas de hueso
en las pieles licuadas con café
a medianoche
sorber la tinta espesa de los astros dormidos
y dejar que el pensamiento interrogue
a la duda con dardos de papel.
Pensar a contragolpe
bajo el agua
y decir que naufraga
la anchurosa angustia
del monarca.
¡Cómo envilece el polvo
a los que van descalzos
camarada!
Pensar contra la noche todo el día.
Pensar contra las hojas todo el árbol.
Pensar contra la lluvia todo el fuego.
Pensar contra los párpados y el sueño
y actuar contra la voz y contra el viento.

Incuria

Pensar causa ansiedad o descontento.
Pensar a veces reestructura el alma
y permite que la nieve apasione
a los sonámbulos.
Yo limpio mi cabeza de todo pensamiento
y digo que toda acción es miserable.
Los trenes y las nubes retroceden si yo pienso
iguales sensaciones o imágenes.
Pensar ante un cadáver
lo que el cadáver piensa
de la muerte y de la vida
inútilmente.
Y luego alzar los brazos y correr porque llueve.
Y decir que pensar no estructura la acción
ni la controla.

El primer día de escuela

Esto me dijo mi madre
el primer día de escuela
cuando una pena inaudible
me inundaba por dentro
y yo lloraba por temor
a quedarme solo
ante aquella multitud desconocida
apática
uniforme
sin realidad ni asombro
y sin memoria: ser es actuar
en consecuencia.

Ante un espejo

Sentir lo que un latido deja
en nuestro pecho
así descascarado
lento
insomne.
Y ver que en el espejo
sólo hay bruma
y podredumbre.
Esta sola palabra
subvierte
los espejos caníbales de almíbar
las abundantes olas patizambas
los trenes con sus trenzas
esperpénticas
de regia servidumbre
y pegajosa iracundia monocorde.
Sentir y no sentir son absolutos
pormenores del acto y de la fe
de la fuerza
y de la inercia
y del olvido.

Ante las hojas caídas

Las amarillas hojas del almendro
cubren
poco a poco
los cascajos parduzcos
de las calles angostas de
la antigua ciudad colonial.

El sol pinta las hojuelas
de los techos de zinc
mientras una bandada de gaviotas
atemoriza al arcoíris.

La solemne soledad inventa
bermejos trucos de acrobacia
para dar robustez a las promesas
y perfección
y sebo de mandril a la parca pereza
a la neblina.

Mariposa

El latido que se esfuma
sobre el cristal
es una mariposa.
Su vuelo incendia
el aire.

Escalonada y el mar

Bajo los viejos puentes
de acribillados horizontes
soñé y construí
el diminuto infierno
de una esperanza.
No albergo sino llagas
quiméricas
horrendas
y sutiles
pasajes del porvenir
de cada ser.
Veo en el cuadrado de la mesa
los turbios atributos de la ola
y veo cómo el mar asusta
con su barba violeta
a cóncavos navíos que amenazan
desde el norte.

El ahorcado

Allí donde unos hombres
descuartizan la luz
que los contiene
el mundo es más real
si yo lo nombro.

Allí junto al jardín
de plata de los sauces
una sombra se mece
solitaria.

Eternidad

> Elle est retrouvée.
> Quoi? L'Eternité.
> C'est la mer allée
> Avec le soleil.
> **ARTHUR RIMBAUD**

Encendida la llaga y casi negra
en sus bordes que asumen
la expansión del rocío.
Se desprende de un largo aleteo
de sombras lejanas
¿qué? la eternidad
sobre la mesa
del cirujano
tiesa y pálida.
La luz se ahueca y descascara
en cada nervio
en cada sitio hay algo
de la eternidad
que el hombre no puede
abarcar.
Hay algo de la muerte
que jamás se
sospecha.

Por la luz exorcizado

Es una sombra trémula
mi mano.
Me desquito la muerte
en el naufragio eterno
de la entrega y la fuga.
Y reaparezco
sereno
transparente
vertical
ante los escombros
de un tictac
por la luz exorcizado
pálida libélula
de los remordimientos
absolutos.
Es una sombra trémula mi mano
en virtud a la nada
es comprensión
y fuerza
y abandono.

Fábula del hombre y la piedra

Hablar solo

He aquí la luz
que yo formé
con gotas de mudez
y parpadeo
un abismo diminuto
como un bicho
y el odio
en breves dosis
para cuidar
la postura.
Hablar solo entre la multitud
mientras la luz
pequeña y débil
arrastra las palabras
y las borra.

Exigencia

Se apolillan
mis manos
y mis ojos
y las hojas del tabaco
reproducen la niebla.
A los espejos no se los comprende
con adherirse a ellos
como a muro sin goznes
reforzados
y múltiples.
Hay que romper la voz
con todo y eco.

La mañana

Como polvillo blanco
entra desvelada a nuestro cuarto
la mañana.
Los perros ladran afuera
al sol bravío.
La mañana se instala
en un ojo que se cierra.
Al cabo de mil siglos
¿habremos despertado?

A mis amigos muertos

Volved amigos
volved desde la muerte
con vuestras lámparas
que hacen perdurar la noche.
Volved como otras veces
al lugar de la angustia
y empezad de nuevo el canto
marginal de cada día.
Volved amigos con vuestras palabras
que son soles más diáfanos que el aire.
Volved con vuestros sueños al encuentro
con las ninfas estelares
y verted el vino sobre el polvo
de los patios nocturnos
donde alguna vez
escuchamos nuestras risas
retumbar entre piedras.
Volved a acariciar los cuerpos
de las náyades dormidas
que sueñan con aullidos
y buques desolados
y escriben con sus uñas
pensamientos de acero.
Pero si allí donde estáis
estáis contentos
y bebéis sorbo a sorbo la noche
que he guardado en el bolsillo de mi frac
como un pañuelo blanco
deshilado

olvidad como olvidan los perros
sus ladridos primeros.
Olvidad amigos
y olvidadme
que la noche no acaba
donde empieza el poema.

Este canto indefenso

Desde el principio
del mundo
hablamos solos
entre la gente
que va y viene
que va y viene
mientras el aire enrolla
este canto indefenso
primitivo
o mortal
como una foca occisa que relumbra
como dardo
como arcilla.
Como una foca occisa
que relumbra—he dicho—
y está claro.
¿No se oye al viento nocturno
retumbar cuando pasa?

Reencarnación

La sangre vuelve a soñar
la melodía del espejo.
El ojo en la cumbre
de las lanzas ovilladas
pacto de la memoria.

Todo triunfo nos arroja al dolor.

La verdadera hazaña consiste en no tenerla.

Un día lamer el ojo abierto de la pantera más sedienta
y sentir que nos devora el aire desde el fondo.

Todo es dolor y náusea ante las trampas del fuego de la
concupiscencia noctívaga
donde se aviva el remolino de las causas evaporadas.

Yo
contra la certidumbre de los pianos pluviales
cuyo prejuicio perfora
gota a gota
los cerrojos acérrimos
de la melancolía megalómana
no quiero ya triunfar en nada
ni en la peripecia del hierro pretencioso
ni en la magnitud del ebrio barro bárbaro

no quiero triunfar en nada
y ni siquiera ya en mi propia ruina.

Fábula del hombre y la piedra

Para mi hermana Melania

El mundo está al revés
con su pijama de piedra
cantando una canción de piedra
para el despertar de las piedras
cuyas conciencias de piedra
petrifican la luz que las nutre
de un calor sagrado
como de piedra
que aprende de la piedra a soportar la vida
como si la vida cobrase la forma de la piedra
y compartiera con la piedra
los secretos profundos de la piedra
que se echa sobre el hombro de la piedra
para llorar lágrimas de piedra.
Y piedra a piedra se deshace
en la sombra de la piedra
la piedra que fue piedra
antes de la existencia de la piedra…

Fábula con fondo blanco

Todos los colores son blancos
con excepción del blanco
que no es blanco sino sólo por dentro
como la cáscara de un limón.
Si las paredes son blancas y ahogan
es porque el sol con su acero inaudible
pinta de blanco las caras de las niñas
difusas como armarios.
Si son blancos los muros de los templos
es porque ha llovido en demasía.
El agua borra todo cuanto pesa
en las almas.

El sueño blanco

Si sueñas
tu sueño es un sueño blanco
como los sueños del agua
en primavera.
Aquí donde te escondes
los colores intercambian
sus formas y trayectos.
De ese modo
se protegen de las falsas opiniones
que también son blancas
y asustan.

Fábula con fondo negro

Las palabras son blancas o negras.
Pero a veces no son blancas ni negras.
Tienen como ciertos amigos
palidez y desentono.
Las palabras son luces vertebradas y opalinas
pero las luces opalinas también mueren
calcándonos la voz contra el lavabo.
Representan la ausencia
y nadie —desde la propia
ausencia— las oye retornar.
Cuando nos acercamos a los muros
para escuchar a las ratas
mascando en el vacío
los huesos se nos quiebran
y se nos corta el hilo del asombro
y la risa.

Alto contraste

Momentos infinitos

Hay que pulir
con limas de cristal
el blanco rosáceo de las piedras.
Hay que subir al cielo
con una escalera de barco
y bajar luego
sin pisar
los peldaños.
Hay momentos inagotables
en el que uno quisiera asesinar
a quien pregunta en la farmacia
por su ser asqueroso
y por su sombra huesuda.
Sin embargo
crece en nosotros el tormento
que se resbala
ese tormento audaz de zapatilla anclada
que da risa y golpea con gran fuerza
nuestras sienes violentas
oh vicios
peceras desolladas por duodécima raíz vertiginosa
¿por qué perseveramos en nuestro yo constante
y vivimos
y soñamos
y reímos
hasta que se resquebraja nuestra máscara?

Medianoche

Cuando subes y bajas y te pierdes
la luz sube contigo y no se oye.
Cuando bajas
ya no necesitas de la luz
para soñar o morir.

Cuando te tiendes junto a mí
el día se devuelve
para inmovilizar a la noche irrefrenable

y la noche no sabe continuar ni quedarse
y se deshace con tus gritos
y se nutre de aquello que te inmoviliza
o atormenta
más que las mariposas y los cactus.

La cama de Procusto

Mis amigos son altos
y alegres y gentiles
como augustas montañas
tropicales.

Me acogen cada vez
en sus mansiones
donde las alfombras
lucen limpias
y abundantes frutos
adornan una mesa.

Me ofrecen una cama
con almohadones
de plumas de ñandú
y esperan entusiastas
la bonachona llegada
de Morfeo.

Los días pasan como mil canciones
y a mí
solitario
mis huesos me dan pánico.

Hartazgo

Si digo que el dolor es blanco o negro
es porque son blancos los balcones cerrados.
Si pienso en un espejo roto navegable o desértico
es para decir lo necesario
lo dispar
lo multiforme
y porque ya no puedo más con tanto pedalito
y tanto abrojo.
Si digo que son cera y vidrio los actos uniformes
y que calcas mi voz con deterioro y avaricia
oh cúpula
es por la liebre muerta en el jardín desierto.

Las moscas y los cuervos se cruzan
de brazos para verter su baba
sobre la luz terrosa y necesaria
pero el viento es astuto y desigual como el granizo
y espanta y estrangula
a los que siempre están pensando en vano.

La sangre sobre el colchón ya roto se ha espesado
más que la saliva y más que el cielo.
Y si no digo más ante estas altas torres góticas
por dúctil parsimonia cómplice bastarda melodía
dilema disecado pequeña cerradura fúnebre
es porque pensar decir apesta.

Subterfugio

Por dentro de mí
el mundo es blanco y negro.
Pero por fuera es negro y rojo.
Y es negro el sol
y blanco el estupor.
Más negro que lo negro.
Más blanco que lo blanco.
Disparejo.

Aparición vespertina

Hacia dónde partir de tanto estrago
demoliendo el instante y la caída
recorrido mil veces
por un enternecimiento de la luz
pleno cuerpo rehecho entre mis lágrimas
amarillento estuche de los huesos
en el que guardo el mundo
y me apuñalo
y grito.

¿En qué paraje del espejo
hallar un hueco
una salida?

El retornado

A veces los colores reflejan
ciertas formas ancestrales
que resuenan como lentas pisadas
sobre el bulevar.
Voy desde los otros
retornado
los otros que se apozan
y disgregan en mí
como una selva errante.
En esa vasta selva donde deambulan
a veces
las tinieblas
es negro y rojo el blanco latido
de la corza.

Densidad

Cada día en el mundo
se apaga un sol más alto
y otro sol más huraño
va naciendo
en lo recóndito del pecho.
Cada día en el mundo
morimos de perennidad
y cada vez
en lo oscuro de la memoria
algo se vuelve denso
al disolverse.

Alto contraste

En la ciudad por donde andamos
buscándonos tal vez entre papeles
y neblinas
el ruido y el vaivén de la gente
la prisa y la ansiedad
entorpecen
aturden
desesperan.
Mientras la noche arde
y el cielo
y la escalera
y la brisa
y los escombros
terminan asfixiando
y orillando al mar lejano
los murciélagos extienden
sus alas esponjosas.
En el bosque
en lo sagrado
se recobra el amor.

Azul y negro

En el azul del ojo
se agiganta una sombra
también azul
porque es azul la sangre
de los peces con lepra
y es negro muy negro
el frío parpadeo del
ahorcado.

Carta a un joven poeta

Una ola

Infantiles cadáveres despiertan
del asombro a la ruina.
Yo canto.
Yo tengo el impulso
la contención
y la forma.
El azar se distancia para unir
a prófugas cadencias
el murmullo
impensable
del relámpago.
Por lo insomne de la ola
lo fugaz de la ola
lo recobra el tormento.
Lo que busco se ha ido
en lo inmutable.
La palabra es un retorno
a lo que somos
no a lo que seremos
más tarde
en otra vida.

Otra ola

La ola que aquí ves es otra ola
más grande y colorida
ola atravesándose así misma
más que ola es una flecha.

Me preguntas si el cielo
es un dedo cortado
o una ola que avanza
en sentido contrario.

Como los ecos de mis pensamientos
chocan mis palabras
con la luz del sol cada mañana.

Mis palabras no deslumbran
a los hombres distraídos
o cobardes.

Oh nubes narcóticas inflables
flamables o limítrofes
allá a lo lejos se vislumbran
soñadoras
las pelucas reprimidas
definiendo sombras
dibujando espuma
calcando remolinos
y cangrejos.

Antidelirio

En medio de tanta pompa oscura
a la intemperie
dorando con una luz inversa
los reflejos del agua
cantas
solitario
sin saber lo qué cantas.
Buscas bajo el ciprés talado
entre las piedras romas
en el confín parduzco
de los setos humillados
algo más firme que el temor
o el sueño.
Ante ese mar amnésico de pasos vigilados
redundante y mortal como
un reloj sin dueño
recobras la inocencia del hacha
y la pureza del golpe.

Disgresión

Una ola se disfraza de sombra
una sombra reemplaza la nube mortecina
las nubes sofocan al viajero culpable.

Una niña dormida atraviesa la luz
y la luz sangra.

Hoy es domingo
y estoy muerto.

Los perfectísimos

Como arruinadas alcayatas futuristas
como herrumbrosos candelabros pertinaces
como púas inservibles
como cascada arrolladora
como fijar la noche al grito desahuciado
se inclinan
y avanzan
libérrimos
por los patios llenos de abrojos y de grillos
con el alma colgada del pellejo
doblando el pensamiento cuatro veces
anulados por el miasma
de sus cráneos
tan leves
tan gozosos.

Festín de invierno

Las ratas y los hombres
traman iguales cortaduras
y reparos
con aviones de papel
al ras del rascacielos que imaginas.
Remordidos por rumores
de otra orilla
cubren afanosos sus rodillas con gusanos
y es entonces cuando el viento
dispersa sus cabezas incubadas
por el lento bosquecito de bambú
donde yo
muerto de risa
bebo el vino amargo
a la regia salud
de Mefistófeles.

El ermitaño

Yo vivo en una vieja cueva
entre murciélagos y trapos de algodón.
Soy feliz como el cuchillo
que se adentra
para cortar los hongos sagrados
del subsuelo.

Rodeado de piedras blanquecinas
y legumbres putrefactas
rara vez bosquejo luces más inciertas
e inmediatas
pues las luces no son del todo hermosas
y por eso no me importan tanto
como el mar.

Prefiero los cangrejos
porque ven hacia el pasado
y me avisan del peligro
de las cumbres

y de aquello que invisible intenta reducir
las mayúsculas a fondo de botella
y el sol a piedra chata con ranuras rutilantes
tan perfectas como ramas o pirámides
pulidas.

Esquema para una elegía

Las flores de papel
huelen a tierra
y a espuma de cerveza
a párpado nublado
a escuálido alboroto.

Las flores de papel
no dejan de crecer
y son tan blancas
y dulces
como el barco
que se ha hundido
lentamente
en el florero.

Así se perfeccionan
contra todo
el pómulo
y el cero
a martillazos.

Tornasol

Si has de pintar tu corazón de blanco
empieza por el primer latido fuerte
pero antes
borra
con la punta de la piedra
el firmamento entero.
Si has de pintar las flores del florero
que sea de un color más blanco
que el blanco del pedernal.
Pero no digas nada ni a los dioses
ni a los muertos
porque ni los dioses
ni los muertos saben nada
de lo blanco
de lo negro.
Si has de pintar tu voz interminable o bella
escoge antes el color preciso.
Los mantras cansan
nos saturan la blancura del cisne
y el rojo tangible de la nube ignorada.
Nos impresiona
a veces
la risa compasiva
de los budas del Tibet
y así queda una hoja amarilla
tambaleándose en la rama
hasta que una brisa leve la hace caer.

Consejos que me doy

Si has de pintar la luz
con música
dibuja en un cuaderno
cuatro ánforas sagradas
y llénalas de vino.
Si has de beber en soledad
el vino dibujado con cautela
bébelo sin prisa
en abundancia.
Embriágate y fornica
a la luz de la luna
entre los lobos
en el bosque.
Y duerme hasta que el sol arruine
los dos o tres colores
que dan sentido al mundo.

Carta a un joven poeta

No escribas media palabra.
No escribas nada sobre la blanca hoja de cedro.
No deslices tus palabras en vano.

¡Apártate! Las palabras se escriben
a la mitad del fuego
y solamente mientras se está solo
sin ayuda de los dioses.

No escribas pensamiento alguno.
¡Apártate de una vez y para siempre!
La palabra no proviene del pensamiento
ni el pensamiento de la palabra.
Inventa la palabra con residuos de goma.
Dale forma a la palabra y que esa forma
sea mínima.
Lo grandilocuente generalmente no sirve de nada.
Lo nimio desarrolla el orgullo de las cosas grandiosas.
Elévate siete mil veces sobre tu cabeza
y podrás ver lo más lejano.

Cadencias milagrosas

Cadencias milagrosas

Un oscuro perderme
en lo que oscila y canta
reverdece.
Se hace llama este día.
Incoercible disgregado
el mundo sigue atado a mi voz
se desmorona.

Se tacha la palabra sombra
la luz queda.
Se extingue el último minuto acorralado
por el largo bramido del yeso y la escafandra.
Los residuos de papel elaboran
cadencias milagrosas
para reyes bermejos como aortas
cortadas por cernícalos o duendes.

Yo armo el juego de nunca acabar.
De todo me desquito el instante precoz
de la avaricia continua
a quemarropa.

Olvidar es una forma de crecer.
Tú creces en ti y fuera de ti
pero el mundo no puede ver tu crecimiento
tu tamaño no lo puede medir el tiempo.

Presunción de literato

Esos niños profesores
que se engrasan la corbata
y se encorvan como ratas
para dar explicación a la salmuera
arruinan uno a uno cada sustantivo
por dar al adjetivo tanto pámpano.
Acribillan cada verbo en plena embocadura.
Se adjetivan bruscamente
las costuras de los párpados.
Los que van y los que vienen
son espléndidos faroles
destruidos por las olas
de un destral imaginario
por un dédalo de vidrio
por un ánade sin plumas.

Desazón

Van quedando
los charquitos empollados
como ropa desusada
como cercas inservibles
como vómito esparcido
a lo largo del sillón
y entre los charquitos
sorpresivas las miradas
de un coyote
del que nadie puede hablar
sin distracción
porque una voz es agua
y otra es sombra o fuego
y todo lo que sobra
es ruina del tropel
como cuando nos viene
a visitar la muerte
y ya no estamos.

Cayó Cleón

Cayó tan bruscamente la noche
sobre el monte
que se aplanó el asombro vespertino
con el que pintaba los árboles
el viento.
Debajo de mi brazo había un reloj
de arena
y se rompió.
El mar estaba lejos
oculto entre faunos
maniquíes
hormigas
y paraguas
como un pañuelo blanco
como un terror sin fin.
Cayó del ascensor mi sombra
perturbada
por túneles silentes
que no terminan nunca.
Se rompieron las gafas de papel
sobre mi cara
y se astilló el omóplato
Cleón.

Invasión nocturna

Los buques ocuparon la bahía
de modo tan bestial
que todos los que allí estuvieron
dejaron de reír.
Las nubes perpetuaron reflejos en desuso
y fueron agolpados contra el seto
los ruidos extenuados
que son como piruetas y pompas de jabón.
Los colgaron de los caballetes de las casas
y arrastraron sus cuerpos
desprendiendo
sus brazos y sus piernas
como quien va descuartizando
los átomos de cuarzo de un trozo de papel
bajo la lengua.
Cantaron los poetas tantas loas postreras
a los buques de cedro que se hundieron.

El sermón de Sansón

Escondieron mi cadáver
debajo de mi cama
y yo
que era de acero
fingí que me moría.
Afuera estaba el sol como volcado
tieso
amedrentado
sobre una manta roja
pero no era el sol
que conocemos
sino los espejitos rotos
de mis dedos centauros
alumbrando la senda que nadie ve
de noche ni de día
alumbrando palabras escritas al azar
para que el sol comprenda
que la luz
toda la luz
nace del grito
y que subyuga más
quien más
se ahoga.

Miedo en casa

Los días de lluvia ayudan al desánimo y al pánico
extendiendo poco a poco una mancha oscura
en la pared.
También en las cortinas hay manchas horrorosas
manchas que parecen brazos musculosos
cuerpos que se arrastran sobre arena
como celentéreos cerriles y bicéfalos
con pinzas progresivas como el cielo.
El miedo se acelera con los pasos
de la gente que vaga en la ciudad
casi invisible.
No se oye nada salvo el viento
que sube hasta las palmas
sin dejarse aturdir por una voz ausente
que es tal vez la mía.
Me acerco a la ventana para ver los paraguas
que tristemente cambian de bruma
y de espiral.

Definición de claroscuro

Un prístino temblor
contra la costra dura del espejo
el vaso que se rompe en nuestra mano
y queda misteriosamente suspendido
entre la rápida silueta del relámpago
y la noche.
Las hormigas persiguen
cierto rastro perdido.
Ceden el paso a ciegas
salamandras invisibles
por devoción a las pardas
cascarillas de huevo.

Los zapatos de mamá

Para mi hermana Wendy

Mamá se había calzado unos zapatos nuevos
que brillaban de noche
como luciérnagas de plástico.
Ella los hizo en un instante
con hojas de almendra
y cintas de colores.
Así
entre latitudes latentes
y amorfos camafeos
nos rodearon sombras
desoladas
ulteriores
que los urogallos bicéfalos
de los extramuros
limpiaban con sulfato
y vaselina.
De todo aquello me queda ya muy poco:
la mecha de una vieja lámpara de losa
un trozo de algodón ya negro
el olor de la cuaba
y los añosos zapatos de mamá.

El chamán salvaje

Yo escuchaba crecer
desde lo más profundo
un silencio siniestro de aserrín y fresa
y me moría de frío en la ciudad
que imaginaba al otro lado.
Los cocuyos adentro de mi piel soñaban
con salvajes colores y puntas de cuchillo.
Era la hora de la venganza
para el chamán huraño y despiadado.
Las brasas dibujaron ocho cráneos
sobre la falsa arena
y el claro cielo se cerraba en lluvia.

La casi urbana oscuridad

La mucha distracción
me alborotaba el sueño
y la palabra toda oscura
era selvática
casi obsoleta de tan rara cristalina.
Nadie escuchaba entonces el resuello
de la brisa escondida en el pañuelo
nadie presintió los pasos
de quienes se marcharon
y retornaron con el vendaval más enraizado
entre uno y otro destello insospechable
entre la urbana dilación
que congrega y humilla
y la concordia que al hierro
bajo el agua fortalece.

Nota para piano

Cantando así
pausadamente
a solas
por el bosque
cantando y conteniendo y elevando
la cornucopia de centeno de los vértigos
se angustian
y se mondan
lujuriosas
las piedritas
al fondo del zapato
pero tan disímiles y graves y traspuestas
tan redondas y puras como ratas
verticales
y lentas
y salvajes
como frotar contra la luz
la frondosa oscuridad del día.

La risa de mamá

Para mi hermano Marcio

Era más joven aún que las acacias mi madre
más resuelta que la hierba crecida
no paraba nunca de reír.

Reía porque sí
porque la risa
es como arrastrar la voz
a lo largo del pasillo
para que el viento empiece
el cielo con las palmas
y traiga al día siguiente un sol
que alumbre más.

Mamá en su juventud soñaba
con palmeras y barcos y bisontes
soñaba por soñar como los pájaros
y cantaba canciones inventadas de prisa
ante el fantasma de Goliat
y unas sandalias blancas de conejo.

Puro margen

Para mi hermano Luís

Largo tiempo vivimos a la orilla
en la ciudad sitiada por los bárbaros.
Allí
cerca del cierzo
que marca el huracán
entre matorrales cercenados
y palomas transparentes
en una casita
donde estaba ausente
la voz multiplicada de papá.

Allí se amontonaban los lujos
de la simplicidad remota
y melifluas melodías conspiraban
contra la más irresoluta firmeza inmarcesible.
La tarde repasaba
con cascos de botella rota
el suave firmamento de los patios pelados.

Los perros dibujaban en los muros
aullidos disparejos que angustiaban
a los muertos distantes.
Yo
pequeñito
olvidado
trataba de comprender el drama venidero
de las frentes perplejas
de los comerciantes ociosos.

Mi tortuga y yo

Allí
entre dos cañadas rocosas y negruzcas
en los altos cerros amarillos
donde las hormigas
deambulaban
como ebrias
y se empezaba a definir
no sé qué voluntad
qué abismo
éramos felices
sin saber por qué.
Y sin poder decirlo y sin pensar
se tornaba más y más oscuro
el roer de las ratas en los patios cercados
y a mí
que era de goma
no me asustaban ni los muertos
ni las ratas
ni el infierno.

Está lloviendo

Teresa y yo mirábamos a Unpín
remover contra su voz
las hebras de un molino de algodón.
Mamá peinaba el largo pelo de Melania
con su vestido azul tan blanco
como un céfiro escarlata
cuya forma por dentro
es una música indeleble.
Pero empezó a llover temprano
y desde entonces
está lloviendo allá en el cerro
donde el sol es aplastado
por su propia obstinación.

Melania y las miosotis

Melania se colgaba unas miosotis en el pelo
que eran del todo imaginarias
pero yo las veía a pesar de la lluvia
y a pesar del viento que mezcla las palmeras
a la trama perpetua
de los ojos.
Era su cara tan redonda como un vidrio:
se cuarteaba cada vez que respiraba.
Con su vestido de rosas y palmeras
se la veía siempre a solas
conversando con lagartos y mosquitos
o saltando en el patio hasta poder volar.

El sueño y su revés

Los días se pierden por la cuesta
para que pronto reparemos
en eso que se ausenta en nuestro ser
igual que las raíces
que sueñan con la altura
soñamos por cautela o privación
un risco y su cascada
un ceniciento búho
que da vuelta a su cabeza
para vernos soñar
mientras la sed nos ata
al firmamento níveo
y acobarda con su túnica tétrica
y nos inquieta el monte
más que el hacha.

Signos son de brusca brevedad

El fuego esparce la mitad de un grito
y choca con mi sombra desgarrada
la cuádruple mimosa que va ciega
entre células carnívoras y amianto.
Signos son de brusca brevedad
la celidonia y el cernícalo.
El viento perpetúa su evasión
su máscara suntuosa y subconsciente
como si proviniera de un solemne dramatismo
a lo Van Gogh.
Entonces lo delata la corriente
el frenesí
la aureola ensimismada
en su rodeo.
Alguna perspicacia cóncava substrae
y quema al girasol
con su gimnasia perentoria
avasallante.

Vacío y perfección

Vacío y perfección

En virtud de que el árbol ni la piedra
son entidades con naturaleza propia
ya que son mediaciones del vacío
conforman la unidad del vacío
y al volcar la sustancia del vacío
sobre un suelo amarillento o negruzco
causa del vacío de la piedra y del árbol
nada
ni siquiera las palabras
ni el viento
ni los mares
ni la noche
llenan el perfecto vacío
de los elementos adyacentes.
Y es que son apariencias la luz y los colores
y las invariables resonancias esquemáticas
y el doble pensamiento ineluctable.
Y los pequeños conjuros matinales
conforman esencias dependientes
de otras esencias menos puras
y terminan sofocando
la ubicuidad del tallo
y la leve densidad
de la semilla.

Finito e infinito

Porque todo es eterno
y nada se termina
los pájaros van
de sitio en sitio
buscando
alimento y reposo.
Los muros crecen sordos como aurigas
junto a largas avenidas sin pavimentar.
Lo que parece muerto está nutriendo
su propia metamorfosis
bajo los regímenes
de un espasmo natural inconsciente.
La orilla va a la orilla para formar su centro.
Es en los márgenes donde el mar se complica.
Yo soy ese margen que se forma del fuego
y soy esa subforma que adelanta el rigor.
Todo margen colinda con la esencia inmanente.
La máscara y el barro
con los cuales fabricamos
infinitos átomos prelúcidos
convierten las paredes del cenáculo en carbón
así las partes invisibles
son combustibles
de las visibles y viceversa.

El sol de la mañana

Los hombres duermen
tranquilos en un rincón
del parque
con sus rostros cubiertos
por la luz.
Se oye el furioso ir y venir
del bóreas maculado y cínico
por la lluvia o el sol desfallecido
por los techos perpetuamente ajenos.
El sol es un callado silencio
que no cambia
como cambia de noche el agua fría.

De la voz y la saliva

El olor de las hortensias
que los niños mastican al final del día
son fibras invisibles de la pata de tortuga.
Por eso
porque no se ven
son más largos los puentes
en la bruma.
Y por eso son redondas
la semilla amarilla del cianuro
y los anillos en forma de
mariposa de la voz
del hierro ensangrentado
y la saliva.
La voz triplica su concordia y su indirecta
mientras la saliva seduce
con su rancio espesor
a las huestes de los buitres
acalambrados y sin vientre.

Los perros hambrientos

Van a cubrir mi cuerpo
con una mancha roja
van a enterrarlo despiadadamente
en medio de la risa y del ahogo.
Van a cubrirlo con una piel ajena
con un susurro neutro
despistado
con sífilis
con lepra
con hebillas atómicas
y nardos explosivos.
Allí está el lugar idóneo
entre la devastación y la locura
allí donde es visible apenas
el carrascal del patio.
Van a medir la caja
con una luz vencida.
Luego
los hambrientos perros
buscarán mis huesos
y vendrá desde muy lejos
una brisa muy fría.

Los muertos sublevados

La noche ha puesto fin
al último traspié de la cigarra
a las ubérrimas urracas ululantes
a los ecos brumosos de la lluvia
a los espejos doblemente agrios
a las triples cuadraturas de la llama
a la ceniza recién resucitada
de un lobezno envuelto en cera
a la polilla radioactiva
que nos roe el deseo de seguir
perfeccionando nuestra muerte
con el filo oscilante de la risa.

Las palabras en el mar

Las palabras ocupan el lugar de los ojos.
Los ojos viven adentro de las moscas
con las que se forman las palabras aladas.
Las palabras no tienen pies ni boca:
son estrechos bosques de arena
donde la ausencia de los árboles
es idealizada por los vidrios rojos
que mastican las cabras y los peces.
La boca ocupa el sitio de las olas.
Las olas no se atreven a cantar.
Pero guardan en la espuma
el misterioso anillo de coral
que el delirio la fiebre y la sed
dotan de radiactiva oscuridad
oh espléndido espejismo marginal
oh delicada rodilla estrepitosa.

Exilio

Me torturan con pinzas de madera
cuyas púas originan desviaciones
del cráneo y de las piernas.
Me torturan con palabras dulcísimas
que son como un anzuelo con veneno.
Utilizan el silencio para desanimar y censurar
pero también para ocultar el miedo
que mi palabra causa en sus cabezas planas.
Me exilian hoy a las altas montañas
donde el frío del invierno desuella
a los bisontes.
Me exilian a remotas tierras
ignorando que la tierra soy yo.

Hacia las playas solitarias

Mataron a mis perros de oro y plata.
Mataron a mis hijos que dormían
encima de las lonas desteñidas
o en el lecho de paja de las cabras.
Me tiraron al mar para ver qué tan hondo
es mi tormento
o tal vez para medir mi fuerza.
Pero las olas me expulsaron hacia
las playas solitarias del oeste
donde el sol es un signo de ventaja.

El mono sacro

Nadie lo duda ya de ti
pequeño mono sacro
ni siquiera el erizo
al que llaman Mitrídates.

Ni siquiera Proserpina
tu madre misteriosa
ni Pluto tu celoso guardián
en los descensos al infierno.

Nadie lo duda ya de ti
Erictonio
rey de Atenas
por tener un león
en cada dedo
que devora a los mortales
mientras duermen.

Memorándum

No poseo poderes solemnísimos
ni buques ni antifaces ni guitarra.
Apenas tengo dos amigos bárbaros
y una jauría nómada
que cuida de mi prole inerme.
Vivo como los monos del trópico antiquísimo
entre blancas magnolias jeroglíficas
clepsidras rotas y cerdos inflables amarillos.
Soy agua de los pozos profundos
y sirvo sólo a los vencidos.
Soy ceniza y sombra y no soy nada
y soy de tarde en tarde
un sol insomne en la mampara gris.

Los poetas psicodélicos

A los poetas
en verano
les da por soñar con escaleras
y dragones.
A veces sueñan con bisontes
y tiestos de cocina.
Sueñan cuando ríen
levantando la vista
hacia la nada.
Sueñan y fornican
mientras comen
manzanas con helmintos.
Cuando mueren
al cabo de mil años
ríen más que un hormiguero
encima de las rocas
cubiertos por el moho
y los cangrejos.

Mis sueños

Mis sueños los dibujo sobre el aire bajo tierra
entre el olor a caucho y las magnolias muertas
entre la piel sagrada de los unicornios
y el ruido de la selva abandonada y mustia
o entre las flores luminosas del guayabo.
Los oculto entre las ramas del ciprés
o los disperso en las huellas digitales de los gatos.
Y aunque mis sueños no paran de crecer
y las moscas acorralan a los hombres
que no sueñan
yo
dividiendo el deseo
en cántaros de lluvia
cambio mis ruletas anónimas
por colores no pensados de Gauguin.

Mayo de 1985

Si no fuera porque en mayo
las guitarras respiran
por los muros
te diría lo que sueño caminando.
Sueño la grandeza
de poderme diluir
mientras me baño
en una playa dibujada
en cierto lugar inexistente.

Psicodelia al mediodía

Sueño algo que se inclina
y es redondo.
Sueño agua arena fuego
y se disloca el quicio
de la puerta donde estoy
bebiéndome la sed
a borbotones.
Siento los efectos de la mandrágora
y empiezo a ver muchachas
por doquier.
Sueño piedra
brisa
y vino
y se embriagan por el bosque
las estatuas.

Certeza del que duerme solo

Mis sueños son
pedruscos diminutos
que he pintado de distintos colores.
Estoy soñando un sol-cernícalo
estoy soñando piedra ruido y sombra
me desangro si callo
me desdigo si pienso
y así mi vida
palabra por palabra
es como sal y arena
aislamiento continuo
pedrusco que he pintado
de cierto color
en cierto día claro.

El estornino

Mis sueños te dan miedo —dices—
porque tienen demasiado filo.
Porque tienen uñas y se alzan
como pinos en el bosque.
Miedo te daría el estornino
cuyas alas son las piedras
los corales
y las garras del vacío.

Petrificación sublineal

El bosque era de pino
de centellante oscuridad perpetua
y no dormían ni el búho con su ojo de plata
ni el pérfido escarabajo adherido a la ceniza.
No dormían los cuervos ni las ánimas encinta
ni el follaje de piedra era señal de nada.
Y fue así que el hombre
con su cuerpo sucio regio o blando
en un instante se convirtió en bálago de orfebre
y sus palabras en un montón de pajas
y de piedras.

El soñador

Mis sueños no son nubes
ni riachuelos
ni miméticos señuelos clandestinos
ni gladiolos
ni perennes arrecifes
pero guardan en las nubes
un silencio aterrador.
Soñar
aunque sea nada
es más hermoso
que vivir
en cualquier
parte.
Soñar
aunque sea nada
es ventajoso y defectuoso
inofensivamente amargo y peligroso.
Soñar
aunque sea nada
es buscar un extraño equilibrio
entre lo ausente y lo perpetuo.

Índice

El buscador de tesoros

Caracol |7
El buscador de tesoros |8
Cada ser es solamente aire |10
La otra verdad del árbol |11
Los árboles viejos |12
Contra el suelo |13
La otra vida |14
Ficción del otro |15
Fuego y lodo |16
Grito |17
Sencillamente |18
Escuchando a los muertos |19
Misterio |20
Brecha |21
El soñado desquite |22
La mano |23
Fuga |24
Amnesia |25
Hojas secas |26
El río se aleja por mi mano |27

Oda al suicida |28
Ante la noche |29

Magia del ego

Papá sueña con puertas |33
Declive |34
Poesía y desencanto |35
Deidad |36
Ilusión y presencia |37
Pasión por lo distante |38
Sensación nocturna |39
Examen de consciencia |40
Oda nocturna |41
Vivir en soledad |42
Sobre la luz |43
Inconsecuencia |44
Dualidad y sentido |45
Exacerbación |46
Traba |47
Magia del ego |48

Oh quimera oh destino

El viento |51
Resonancias |52
Elogio |53
La mirada ramifica sus garfios |54
Oh quimera oh destino |55

Arte poética |56

Un día y otro |57

Demiurgo |58

Sucesión |59

Las redes imposibles |60

Duda |61

Los otros |62

Equilibrio |63

Autoconsciencia |64

Pulso y medida

Buitres |67

Debajo de la máscara otra máscara |68

El árbol |69

La palabra inconsolable |70

Pulso y medida |71

Colibrí |72

Y al final su ceniza se convierte en pájaro |73

Momentum |74

Truco |75

Turbación |76

Magia |77

Caligrafía |78

Sueño |79

Persecución |80

A orillas del arroyo |81

Abril 1984 |82

Vudú |83

Tres hermanas |84
Y las voces arden |85
Papel quemado |86
Fijeza de lo ausente |87
Espejo |88

A fuego abierto

A fuego abierto |91
La rueda del samsāra |92
Incuria |93
El primer día de escuela |94
Ante un espejo |95
Ante las hojas caídas |96
Mariposa |97
Escalonada y el mar |98
El ahorcado |99
Eternidad |100
Por la luz exorcizado |101

Fábula del hombre y la piedra

Hablar solo |105
Exigencia |106
La mañana |107
A mis amigos muertos |108
Este canto indefenso |110
Reencarnación |111
Fábula del hombre y la piedra |112

Fábula con fondo blanco |113
El sueño blanco |114
Fábula con fondo negro |115

Alto contraste

Momentos infinitos |119
Medianoche |120
La cama de procusto |121
Hartazgo |122
Subterfugio |123
Aparición vespertina |124
El retornado |125
Densidad |126
Alto contraste |127
Azul y negro |128

Carta a un joven poeta

Una ola |131
Otra ola |132
Antidelirio |133
Digresión |134
Los perfectísimos |135
Festín de invierno |136
El ermitaño |137
Esquema para una elegía |138
Tornasol |139
Consejos que me doy |140

Carta a un joven poeta |141

Cadencias milagrosas

Cadencias milagrosas |145
Presunción de literato |146
Desazón |147
Cayó Cleón |148
Invasión nocturna |149
El sermón de Sansón |150
Miedo en casa |151
Definición de claroscuro |152
Los zapatos de mamá |153
El chamán salvaje |154
La casi urbana oscuridad |155
Nota para piano |156
La risa de mamá |157
Puro margen |158
Mi tortuga y yo |159
Está lloviendo |160
Melania y las miosotis |161
El sueño y su revés |162
Signos son de brusca brevedad |163

Vacío y perfección

Vacío y perfección |167
Finito e infinito |168
El sol de la mañana |169

De la voz y la saliva |170
Los perros hambrientos |171
Los muertos sublevados |172
Las palabras en el mar |173
Exilio |174
Hacia las playas solitarias |175
El mono sacro |176
Memorándum |177
Los poetas psicodélicos |178
Mis sueños |179
Mayo de 1985 |180
Psicodelia al mediodía |181
Certeza del que duerme solo |182
El estornino |183
Petrificación sublineal |184
El soñador |185

Colofón

Copyright © 1986-2023 José Alejandro Peña
Esta cuarta edición corregida de *El soñado desquite*, de José Alejandro Peña, se terminó de imprimir en noviembre de 2023, en los Estados Unidos de América.
Obsidiana Press
publicatulibro.eu
obsidianapress.com

www.ingramcontent.com/pod-product-compliance
Lightning Source LLC
Chambersburg PA
CBHW070549050426
42450CB00011B/2781